AF450731

LES DITS NOTABLES

DE MONSIEVR

PHILIPPE

DE FRANCE, DVC D'ANIOV, FRERE VNIQVE DV ROY.

Par le S. REVEREND *son Aumônier & Predicateur ordinaire.*

Ex Bibliotheca Recollectorum Parisiense. 1744. Ex Dono.

A PARIS,

Chez ANDRE' SOVBRON, Libraire Ordinaire de la Reyne, au Palais, à l'entrée de la Gallerie des Prisonniers, à l'Image Noftre-Dame.

M. DC. LV.

AVEC PRIVILEGE DV ROY.

A MONSEIGNEVR
L'EMINENTISSIME
CARDINAL
MAZARIN.

ONSEIGNEVR,

Quand ie presente à V.
EMINENCE ces fruits

à iij

EPISTRE.

de mes veilles, ie luy fais voir
les fruits d'vne terre qu'elle a
pris peine de cultiuer : En effet
comme ce sont LES DITS
NOTABLES d'vn Prince, dont
elle s'est voulu donner le soin
de l'education, ie suis persuadé
qu'en luy dédiant ce liure ie luy
rends ce qui luy appartient. Ie
sçay bien encore, MONSEI-
GNEVR, que mon trauail
& mon industrie seront fort
peu considerables, n'ayant eu be-
soin que de memoire pour mettre cet ouurage au iour, mais il
suffit pour ma satisfaction qu'il
m'ait donné le moyen en pu-

EPISTRE.

bliant la gloire de mon Mai-
stre, de tesmoigner à Vostre
EMINENCE le ressen-
timent qui me demeure des
obligations que ie luy ay. C'est
le seul dessein,

MONSEIGNEVR,

De son tres-humble, tres-obeis-
sant, & tres-obligé seruiteur,

REVEREND.

AVANT-PROPOS.

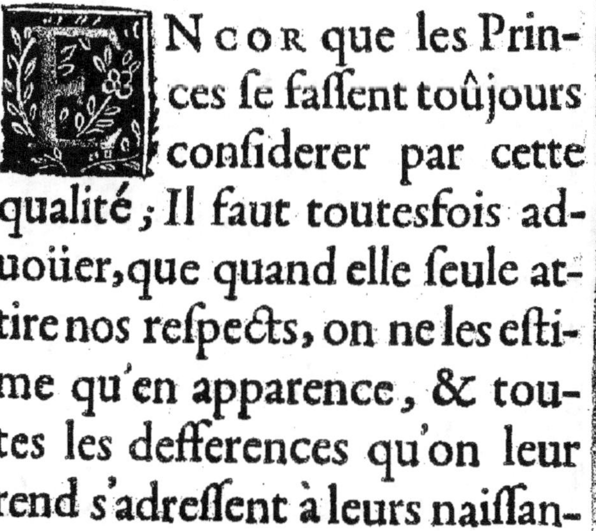

ENCOR que les Prin-
ces se fassent toûjours
considerer par cette
qualité, Il faut toutesfois ad-
uoüer, que quand elle seule attire nos respects, on ne les estime qu'en apparence, & toutes les defferences qu'on leur
rend s'adressent à leurs naissan-
ces & à leur condition plu-
stost qu'à leurs personnes, mais

lors qu'ils s'attachent à la vertu par vne forte inclination dont les liens ne se peuuent iamais rompre, & qu'animez de la belle gloire, ils méprisent les Couronnes que la nature leur a données pour se parer de celles de leur façon, pour lors l'apparence & la verité des honneurs se confondent ensemble, puis que l'amour & la raison nous suggerent également toutes les loüanges qu'on leur donne.

Cette verité se fait voir dans l'exemple de ce ieune Prince, dont ie raconte les DITS No-

AVANT-PROPOS.

TABLES puiſque d'vn courage
digne de l'auguſte nom qu'il
porte , il iette de nouueaux
fondemens de ſa grandeur ſur
ſa propre vertu pour n'en eſtre
redeuable qu'à elle ſeule , &
s'éleuant par ſon merite au deſſus de ſa Royale naiſſance , il
n'affecte aujourd'huy d'autre
rang que celuy que luy-meſme ſe donne.

Toute la France ſçait qu'il
a l'eſprit ſi beau & le iugement
ſi ſolide ; que ſes ſentimens
ſont ſi genereux & ſes inclinations ſi heureuſes; qu'il fait dé-
ja voir à ſon âge tout ce que

les autres Princes peuuent iamais promettre.

Il eft né pieux & charitable,
& ces deux grandes vertus
paroiffent d'autant plus admi-
rables qu'elles font exemplai-
res : Il femble que la fageffe &
la prudence l'ayent inftruit,
puis qu'il n'a pas moins d'a-
uerfion pour les flateurs que
pour les médifans : Il ayme
également & l'eftude & les
fçauants, fon entretien eft toûjours ferieux , & fes occupations honneftes; Iamais vne fa-
le parole n'eft fortie de fa bouche, & en cela il a la mefme pu-

deur de ce beau sexe qui sçait
l'art de se faire aimer & pour
qui il a tant d'estime : Enfin on
ne voit point de Prince plus liberal que luy , & quoy que
ses presens soient proportion-
nez à sa puissance , il les accom-
pagne de tant de graces qu'il
les met hors de prix.

Mais quand ie considere aujourd'huy que toutes ces belles
qualitez qu'il possede sont in-
separables de fils de la plus sage & la plus vertueuse Reyne
du monde, & de Frere Vni-
que du plus grand Roy qui fut

iamais, ie me voy contraint
de le comparer à luy mesme,
puis que l'on ne peut trouuer
son pareil.

LES
DITS NOTABLES
DE MONSIEVR
FRERE VNIQVE
DV ROY.

I.  N iour la Reyne
voulant faire con-
noiſtre à ce ieune
Prince le reſpect & la ſoûmiſſion qu'il deuoit rendre conti-

A

nuellement au Roy ſon frere eſtant ſon Cadet , puiſque ſon bon - heur deſpen-
doit de luy ſeul : Il repartit
iudicieuſement , qu'il n'auroit
iamais de peine à luy rendre
ſes reſpects , & luy donner
dans les occaſions toutes les
marques d'vne entiere obeyſ-
ſance , puis qu'il eſtoit ſon ſujet ; Mais qu'il aymoit mieux
toutesfois, eſtre à ce prix, Cadet de ſa maiſon , que l'ayné
d'vne autre quelque grande &
illuſtre qu'elle fuſt.

La ſage reſponſe de ce Prin-

ce nous perſuadoit de nouueau qu'vn ſujet eſt touſiours
mal-heureux, meſme auec toutes les grandeurs & les richeſſes de la terre, s'il n'eſt conſideré de ſon Roy, puiſque l'honneur de ſes bonnes graces eſt
le plus grand threſor du monde, & comme ſon cœur luy
auoit ſuggeré cette repartie
pluſtoſt que ſon eſprit : On a
ſujet d'eſperer que ſes actions
ne deſmentiront iamais ſes paroles.

II. Vn Prince ayant vn iour
l'honneur de l'entretenir prit la
liberté de luy dire qu'il s'eſton-

A ij

4

noit fort qu'vn si grand Prince fût si petit : Il fit aussi-tost
cette admirable repartie, que
les Princes estoient toûjours
assez grands , & que pour luy
il ne se mettroit iamais en peine que de croistre en vertu.

Ces beaux sentimens que
ce Prince puise du fonds de
son ame en font éclater la beauté , puis que son esprit sans
doute les luy fait conceuoir
par la resolution qu'il prend
de les mettre tous les iours en
pratique ; En effet comme il
ne songe que d'estre grand en
faisant de grandes choses , il

ne confidere en cela tous les
auantages que la nature luy a
donnez, que côme des moyens
pour y paruenir : Il sçait tres-
bien que les Princes ne se font
confiderer que par la reputation qu'eux-mefmes se donnent puis qu'elle seule fait leur
veritable grandeur ; Et quelque grand qu'vn Prince soit
de taille, s'il n'a d'autre auantage par deffus les autres, il attire
fur lui égalemét & les regards
& les mefpris.

III. Ce ieune Prince voyant
ioüer vn grand Seigneur qui se
plaignoit toufiours de fon mal-

heur dãs le jeu, dit à vn des ſiens;
Que les grands deuoient auoir
de l'indifference , & pour le
gain & pour la perte ; & que
quand ils ioüoient par intereſt
plûtoſt que par diuertiſſement,
ils ſe mettoient en hazard de
perdre leur reputation auec
leur argent.

On peut connoiſtre par ces
diſcours, quelle ſera la mode-
ration de ce Prince, puis qu'il
la garde iuſques dans le jeu,
ayant cette aduantage parmy
beaucoup d'autres de ioüer en
Prince & d'eſtre inſenſible à la
perte , particulierement auéc

les Dames, n'ayant autre def-
fein quand il iouë auec elles
que de gagner leurs bonnes
graces.

IV. Vn Seigneur luy di-
fant quelque chofe à l'oreille
contre l'honneur des Dames,
il l'en reprit publiquement
auec beaucoup d'aigreur, pour
luy faire connoiftre le refpect
qu'il deuoit à ce fexe, auffi bien
qu'à fa naiffance, ayant efté fi
hardy d'infecter fon oreille de
la mauuaife odeur d'vne parole fi deshonnefte ; Et fur la
plainte que ce Seigneur luy fit
d'vne fi rude cenfure, ce cha-

ste Prince luy repartit encor
qu'il luy en feroit vne plus
grande, & qu'il s'en plaindroit
à la Reyne, s'il luy tenoit iamais ce langage.

L'on ne peut auoir aſſez de
veneration pour vn ſexe qui a
toutes les douceurs & toutes
les graces de la nature en partage ; Et certes on peut ſouſtenir que l'inclination de ce
Prince à l'honnorer auec des
ſoins & des reſpects tout particuliers, augmente de beaucoup l'éclat de ſa gloire, puiſque les plus fameux conquerans, & les plus grands Mo-

narques du monde ont eu les mesmes sentimens.

V. Sur ce qu'vn Prince luy dit que les enuieux de l'Estat faisoient courir le bruit qu'il pourroit vn iour aller à Bruxelles. Il luy repartit; Que cela pourroit estre ; Mais qu'il n'iroit iamais qu'à la teste d'vne armée pour la gloire de son Roy, voulant témoigner par cette sage réponse qu'il demeureroit toûjours dans son deuoir, & qu'en cela il suiuroit la raison plûtost que l'exemple.

Certes il faut confesser que ce grand Prince nous fait bien

connoiſtre par tous ces genereux ſentimens, qu'il en a tiré
la vertu de l'Auguſte ſang dont
ſes veines ſont remplies auſſi
bien que de l'education que
ſon Eminence a pris ſoin de luy
donner, & des ſages conſeils
de Monſieur le Mareſchal du
Pleſſis ſon digne Gouuerneur.
Ce n'eſt pas que les heureuſes inclinations de ce Prince
ne faſſent en cela toute ſa gloire, mais il faut auſſi auouër
qu'elle emprunte ſon éclat de
ces cauſes ſecondes, puiſque
la nature quelque parfaite &
accomplie qu'elle ſoit, a toû-

jours befoin des ornemens de l'art.

VI. Le iour de la Fefte-Dieu vn grand de la Cour ayant remarqué la deuotion exemplaire de ce Prince durant la Proceffion, prit la liberté de luy dire en riant, Qu'on le prenoit pour vn bigot : Il refpondit fagement; Que Dieu feul connoiffoit fon cœur, & que les actions publiques des Princes feruoient toufiours de leçon à ceux qui en eftoient les tefmoins.

Ce Prince apprend à tous les grands de la terre qu'il faut

satisfaire le monde ; Et quand
on n'auroit d'autre objet que
d'en meriter le suffrage , l'on
doit tousiours s'acquitter de
son deuoir deuant ce Iuge pu-
blic dont la censure est beaucoup plus à craindre qu'à mes-
priser.

VII. Vne personne de con-
dition le voyant sortir le matin
de son oratoire voulut luy persuader qu'il y auoit de l'excez
dans sa pieté : Il répondit ; Que
cette vertu seroit tousiours tres
moderée en luy, puis qu'elle ne
seroit iamais assez grande.

La pieté est propre & affe-

ſtée à tous les Princes Chre-
ſtiens comme inſeparable de
cette qualité ; Mais on peut
dire ſans flatterie de ce grand
Prince qu'il eſt deuot par inclination , & qu'elle ſeule en
cela eſt plus forte que le deuoir
& l'exemple que la Reyne luy
donne tous les iours, puis que
l'vn & l'autre n'y ſçauroit rien
adiouſter pour la rendre plus
parfaite.

VIII. Comme on luy ſer-
uoit de la viande vn iour de
Careſme & qu'il y trouuoit à
dire, ſon medecin luy fit connoiſtre qu'auec la permiſſion

que l'on auoit obtenuë fon âge
auffi bien que fa condition luy
feruoit de difpenfe. Il refpondit Chreftiennement ; Qu'il
neftoit pas plus confiderable
qu'vn autre à l'efgard de Dieu,
qu'il falloit obeyr pour le prefent ; Mais quand il feroit le
maiftre qu'il viuroit à fa façon
& felon fon humeur.

Ces paroles forties de la
bouche d'vn Prince fi ayma-
ble aux premiers iours de fon
adolefcence donnoient de belles inftructions à tous ceux
qui auoient le bon-heur de les
ouyr, & dans leur eftonne-

ment, ils doutoient quel des
deux eſtoit plus grand ou de
ſon eſprit qui en auoit conceu
la penſée, ou de ſon cœur qui
en faiſoit paroiſtre les ſentimens.

IX. La generoſité de ce
grand Prince ſe fit admirer en
faueur d'vne Dame eſtran-
gere, qui par le mal-heur du
temps , & le deſordre de la
guerre fut contrainte de ſe ve-
nir ietter aux pieds de leurs
Majeſtés pour implorer leurs ſe-
cours: A peine ce ieune Prince
eſt-il informé de ſon malheur
qu'il l'accoſte dans la cham-

bre de la Reyne, luy parle, &
la tirant à l'écart, luy donne
en cachette vne somme assez
considerable, auec cette asseu-
rance de luy faire tous les mois
le mesme present, sans exiger
d'elle d'autre reconnoissance
que de garder le secret, apres
luy auoir representé la honte
qu'il auoit de luy donner si peu,
sçachant bien qu'elle meritoit
beaucoup dauantage.

Certes iamais faueur ne fut fai-
te de meilleure grace ny auec
plus de generosité, & l'on doit
considerer en cela la maniere
d'obliger plûtost que le prix
de l'o-

de l'obligation, ce Prince trouue l'art en donnant peu de
faire vn riche prefent , puifque la Dame qui le receut luy
en fut fi redeuable qu'elle fe
fentit contrainte de luy man-
quer de parole, en publiant
par tout cette faueur, puifque
dans l'impuiffance de s'en reuancher elle n'auoit que la
voix pour luy tefmoigner fes
reconnoiffances. Les Princes
font tous les iours des prefens :
mais quand ils adjoutent la
grace à l'action pour tefmoigner que le cœur deuance la
main, c'eft cette façon d'obli-

B

ger, que peu de Princes met-
tent en pratique, & l'on doit
cette loüange immortelle à celuy que i'ay l'hóneur de seruir,
qu'il a fort peu de semblables
en sa maniere de donner, puis
qu'il prenient toûjours les de-
mandes de ceux qui ont droit
de pretendre quelque grace de
luy pour leur en oster la honte.

X. Le Roy luy dit vne fois
en riant qu'il n'auroit point
d'autre bien que celuy qu'il
luy feroit : Il répondit auec
respect qu'il ne tiendroit qu'à
luy qu'il ne fust Roy, puis qu'il
manqueroit toûjours de force

plutoſt que de courage pour
conquerir vn Royaume.

Comme la belle ambition
de ce Prince eſt auſſi grande
que ſa naiſſance , & que ſon
eſprit & ſon courage ſont de
la meſure de tous les deux, il a
ſuiet d'eſperer le ſuccez de ſes
hautes entrepriſes, s'il eſt ap-
puyé de la faueur & des bonnes graces du Roy ſon frere,
comme vn moyen neceſſaire
à couronner tous ſes illuſtres
deſſeins.

XI. Ce grand Prince à l'âge
de ſept ans voulant teſmoi-
gner à vn des ſiens combien il

l'aimoit, luy dit qu'il ne souhaittoit estre grand que pour luy faire du bien, & comme on s'enquist encor de luy mesme quel bien il luy feroit, il repartit qu'il ne pourroit faire pour lors que des presens dignes d'vn Prince.

Ingenieuse inuention à son âge pour gagner les cœurs de donner de belles esperances en des termes si obligens qu'on receuoit par auance ce qu'il promettoit, puis que sa maniere de promettre estoit vne faueur aussi grande que celle qu'on attendoit.

XII. Le iour de la Feſte du
S. Sacrement ſon Aumônier
entretenant ce Prince par ſon
ordre de la grandeur de ce mi-
ſtere adorable , & du reſpect
& de l'honneur que les Grands
de la terre luy deuoient porter:
Il dit ce beau mot , qu'il falloit
auoüer que dans cette iournée
ſe faiſoit le triomphe du Sau-
ueur du monde , puis que le
Roy & les plus grands de la
Cour le ſuiuoient à la proceſ-
ſion comme ſes eſclaues.

Pieux ſentimens d'vn Prince Chreſtien qui fait connoiſtre qu'il poſſede parfaitement

cette science si dificile à acquerir de se connoistre soy
mesme , puis qu'il sçait que
pour grand & recommanda-
ble que soit vn Prince, il n'est
rien à l'esgard de Dieu, & que
c'est sa prouidence qui loüe les
Sceptres & les Couronnes
aux Rois & aux Monarques
& qui les retire quand bon luy
semble.

XIII. Bien que la mode-
stie de ce sage Prince me force
à taire sa deuotion au S. Sacrement de l'Autel, ie me sens
obligé toutefois de la publier
pour instruire par son exemple

ceux qui ne la connoissent pas,
ayant paru aux yeux de toute
la Cour, dans les villes de Cor-
beil & Melun durant le desor-
dre de la guerre, toutes les fois
qu'il estoit informé par son
Aumônier qu'on deuoit porter nostre Seigneur à quelque
soldat blessé, il accompagnoit
le Prestre iusqu'au lieu où gi-
soit le pauure malade, sans
considerer l'incommodité du
temps, & moins encor la peine de monter iusqu'au plus
haut des maisons, faisant pa-
roistre les estincelles de ce
beau feu de la charité qui em-

braſoit ſon cœur, par le ſoin
qu'il prenoit à les conſoler
dans leurs douleurs, & de parole & en effet, puis qu'en cela il paroiſſoit auſſi liberal qu'e-
loquent; Et comme l'ardeur
de ſon zele eſtoit veritable, les
ſentimens qu'il en auoit dans
l'ame ſe faiſoient voir dans ſes
yeux, donnant quelque fois
des larmes à leurs mal-heurs
pour témoigner qu'il en eſtoit
ſenſiblement touché, le fune-
ſte ſpectacle d'vn nombre infiny de ces pauures ſoldats
bleſſez giſans ſur la paille dans
des greniers, meſme dans les

ruës abandonnez de tout le monde ne l'effrayoit point, sa pitié l'emportoit sur sa crainte, son cœur insensible à celle-cy ressentoit viuemét les atteintes de l'autre, & toutefois au lieu d'éuiter la douleur en fuyant la presence de ces tristes ob-jets, il les auoit toûjours de-uant les yeux pour se rendre sçauant en la connoissance des miseres du monde : Mais ce qui paroissoit plus merueilleux & à son auantage, c'estoit de voir ce ieune Prince enuiron-né d'vn nombre de peuple de tout sexe & de tout âge qui

furpris de le voir accompa-
gner l'augufte Sacrement de
nos Autels, profternez en terre les mains & les yeux efle-
uez vers le Ciel , luy donnoit
mille loüanges & autant de
benedictions ,& pour les atti-
rer d'en haut fur fa tefte, il les
accompagnoit d'autant de larmes, qu'il proferoit de paroles
pour faire voir que le cœur les
auoit fuggerez, & que la deuotion fans exemple de ce fage Prince eftoit leur objet.
Certes toutes ces actions d'v-
ne pieté extraordinaire auoiét
tant de raport à ce glorieux

furnom qu'il porte de petit
Fils de S. Loüis, qu'il en per-
fuadoit la creance aux plus in-
credules, & auec d'autant plus
de raifon qu'il mettoit en pratique les vertus heroïques de
ce grand Saint par vne lumie-
re d'inclination plûtoft que
par vn precepte d'habitude.

XIII. Son Medecin luy
voulant reprefenter l'extréme
danger qu'il couroit de prendre vn mauuais air dans la vifi-
te de ces pauures bleffez, il
lui répondit Chreftiennement
que quand il tomberoit malade en s'acquitant d'vn deuoir

si charitable, qu'il esperoit sa guerison de Dieu seul.

XV. Vn Seigneur de la Cour admirant la pieté extraordinaire de ce Prince enuers ces pauures soldats, prit la liberté de luy dire que l'air de leurs maisons estoit fort contagieux, & qu'il deuoit s'en éloigner de crainte de quelque maladie : Il luy répondit aussitost que Dieu estoit vn sçauant Medecin qui le sçauroit fort bien guerir, & que ces pauures soldats ayant esté blessez sacrifiant leurs vies pour le seruice du Roy son Frere, il croyoit eſtre obligé de leur rendre ce deuoir les conſo-lant par ſes viſites & par ſes liberalitez.

Que l'on faſſe paroiſtre au iour ces grands Heros, & ces fameux conquerans de l'anti-quité, s'ils ont fait, & s'ils ont dit dauantage que ce grand Prince pour gagner les cœurs de tous leurs ſoldats, ce qui nous perſuade qu'il en ſera toû-jours le pere, & que dans peu de temps on le verra à la teſte d'vn nombre infiny de troupes qui viendront de toutes parts ſe ranger ſous ſes Enſeignes pour acquerir de la gloire fous fa conduite, comme du plus grand Capitaine qui fera iamais.

XVI. Ie ne fçaurois paffer fous filence la loüable couftume que ce fage Prince pratique toutes les veilles des Feftes folennelles, commandant à fon Aumônier de l'entretenir le foir dans fon lict fur quelque fujet de pieté, pour difpofer fon ame à receuoir auec le corps precieux du Saueur du monde, les graces qui en font infeparables, & comme le fidele feruiteur luy

reprefentoit l'obligation qu'il
auoit à Dieu de l'auoir defti-
né de toute eternité dans les
idées eternelles , à remplir la
place dans le temps d'vn Prince Chreftien, & de Frere vnique du plus grand Roy de la
terre , qu'il deuoit faire des
actions conuenables à fa grandeur , comme autant de té-
moins de fa reconnoiffance
enuers fa diuine Majefté , &
que la plus glorieufe de toutes, c'eftoit celle de s'humilier
aux pieds de fes Autels en
côfeffant fon neant deuant cét
eftre fouuerain fur les grands

de la terre , puis que tous les
monarques du monde estoient
des images de cendre & de
poudre qui empruntoient
pour vn temps leurs Sceptres
& leurs Couronnes de la main
de ce Tout-puissant ; Et pour
pratiquer ces pieuses maxi-
mes, il falloit qu'il prit la peine
de faire reflexion sur l'obeissance aueugle qu'il deuoit aux
commandemens du Roy son
Frere , puis qu'il estoit au rang
de ses sujets, comme aussi sur
les continuels respects , & sur
les humbles defferences qu'il
estoit obligé de rendre à la
Reyne

Reyne ſa Mere, ſoit par la raiſon de cette qualité , ſoit
pour la reconnoiſſance des
ſoins qu'elle auoit pris en luy
donnãt vn ſi ſage Gouuerneur
pour eſleuer ſon Enfance &
vn ſi ſçauant precepteur pour
inſtruire ſa ieuneſſe , & princi-
palement ſur la ſoûmiſſion aux
ſentiment de ceux que le Roy
choiſiſſoit pour Miniſtres de
ſon Eſtat , comme les fermes
appuis de ſa grãdeur,& les ſou-
ſtiens ineſbranlables de ſa puiſ-
ſance; Qu'il deuoit en ſuite faire vne reueuë ſecrette ſur ſes
inclinations pour changer les

C

mauuaiſes & ſuiure toujours
les bonnes, afin que menant
vne vie innocente, il pût eſperer vne mort glorieuſe, puis
qu'il n'emporteroit dans le
tombeau que le prix de ſes œu-
ures. Sur la ſatisfaction que ce
ſage Prince témoigna vn iour
receuoir de ce diſcours, il
dit qu'il ne pouuoit pas com-
prendre dans la neceſſité de
mourir, comme les hommes
auoient de l'amour pour le vi-
ce & de la haine pour la vertu,
& que s'il euſt eſté libre au
chois ou de la vie ou de la mort
il euſt preferé à l'age de ſix ans

celle-cy à l'autre pour eftre af-
feuré de fon falut en mou-
rant dans vn âge innocent où
l'on ne cónoift point le peché.

Que peut- on adjoûter à la
force de ce raifonnement pour
le rendre plus admirable , vn
grand Prince, mais grand de
naiffance & plus grand encor
de merite, prefere la mort à la
vie à l'entrée de la carriere, dãs
le doute où il eft, fi fes derniers
pas feront couronnez, fans faire reflexion fur la gloire qui
l'enuironne , & moins encor
fur les plaifirs que la ieuneffe
luy promet.

XVII. Ce Prince deman-
dant vn iour à la Reyne Regente la grace d'vn criminel,
& sur le refus qu'elle en faisoit pour l'enormité de son
crime, il luy repartit que la
misericorde de mesme que la
charité ne deuoit point auoir
de limites, qu'elle ne par-
donneroit qu'vne seule fois à
ce miserable criminel, & que
Dieu nous pardonnoit cent
fois le iour.

La repartie Chrestienne de
ce sage Prince aprend bien à
tous les Roys de la terre, que
la clemence doit estre plus

grande dans leur cœur, que la
iuſtice, puiſque celle-cy ne
donne iamais que de la crainte, & l'autre toûjours de l'a-
mour.

XVIII. Vn Gentil-hom-
me le voulant diſſuader de
faire des preſens à vne fille
d'honneur de la Reyne, que
ce Prince eſtimoit beaucoup,
il luy repartit, que ces per-
ſuaſions inutiles l'obligeoient
d'augmenter ſa liberalité enuers elle au lieu de la diminuer,
parce qu'il connoiſſoit que
l'enuie, les luy auoit ſuggerez
plûtoſt que la raiſon.

Ce grand Prince eſt trop eſclairé pour ſuiure les conſeils qui choquent ſes nobles inclinations , & comme il ſçait que la liberalité fait regner les grands de la terre dans les cœurs de ceux qui leur ſont ſoûmis : Il met en pratique cette vertu illuſtre qui eſt née auec luy, & auec dautant plus de raiſon qu'elle luy aprend l'art de ſe faire aymer de tout le monde.

XIX. Vn Seigneur de la Cour ayant eſté aſſez malheureux, que de perdre le reſpect dans quelques diſcours

qu'il auoit tenus à ce Prince : Il
commanda à vn des fiens de
luy tefmoigner fon reffentiment, & de luy dire que dans
vn âge plus auancé, il luy eut
fait donner des coups de ba-
ftons : Celuy - cy s'excufant de
faire vn tel meffage, luy repre-
fenta que les plus petits Gen-
tils-hommes eftoient exempts
de cette forte de punition : Ce
grand Prince luy repartit alors
qu'on chaftioit les perfonnes
felon leurs crimes, & comme
les difcours qu'il luy auoit
tenus eftoient indignes d'vn
Gentil-homme, il l'auroit fait

traitter comme vn homme qui ne le feroit pas.

Quand vn Gentil-homme perd le refpect qu'il doit à vn Prince , il n'eft pas obligé d'en auoir pour luy, & les ames qui ont la nobleffe en partage , ne doiuent iamais faire que des actions de cette nature, & quand ils fe relafchent de leur deuoir on fe relâche auffi de leur rendre ce qui leur eft deu.

XX. Ce Prince jettant les yeux fur le portrait de l'Infante d'Efpagne qui eftoit dans fon Cabinet, dit à vn des fiens

qu'il voudroit auoir cette Prin-
cesse pour sa femme, & comme le mesme à qui il parloit prit
la liberté de luy representer
les beautez qui estoient en elle : Il luy repartit que sa vertu
faisoit tous ces charmes quelque belle qu'elle fut, & voyant
qu'on se sourioit, Il repartit que
sa grandeur estoit veritablement fort considerable, mais
que son merite ne souffroit
point de comparaison.

Cette repartie nous repre-
sente de nouueau l'assiete de
son ame méprisant les grandeurs de la terre, quand elles

font comparées à la vertu. Ce n'eſt pas que ſon ame ne ſoit capable de la belle ambition, mais comme ſon grand cœur ne ſoûpire que de l'amour de la belle gloire, il veut ioindre les **Palmes** à ſes l'Auriers, & trauailler luy-meſme à ſes Cou-ronnes afin que ſon induſtrie en rehauſſe le prix.

XXI. **Comme ce grand Prince**, qui ne cherche qu'à donner des marques de ſa pie-té, faiſoit trauailler à quelques Tableaux dans le cloiſtre du Val de grace, pour l'ornement de cette maiſon Royalle, vn

Seigneur qui y estoit entré auec
le Roy, prit la liberté de luy dire que la dépense en estoit inu-
tile, puis qu'on n'auroit pas la
liberté d'admirer toutes ces
belles Peintures : Il répondit
Chrestiennement que c'estoit
assez, que Dieu les vit, puis
qu'il en auoit consacré l'ouurage à sa gloire.

Réponse qui doit seruir de
leçon à tous les grands de la
terre, pour leur apprendre de
n'auoir iamais d'autre objet
en toutes leurs actions que la
gloire de Dieu, afin que cette gloire mesme leur demeu-

re, puis qu'on se trouue toûjours comblé des mesmes
honneurs qu'on luy rend.

XXII. La Reyne estant vn
iour au miroir ce Prince entra dans sa chambre, & comme il auoit à la main vn petit
cercueil d'or où l'on voyoit
vn squellette de mesme ma-
tiere, en luy monstrant ce bi-
geou : Il luy dit, Madame,
voila vn beau miroir pour les
grands du monde, dont la gla-
ce ne flatte iamais.

Pensée digne de ce sage
Prince & qui nous marque la
pieté dont son ame est rem-

plie, puiſque ſa bouche s'ex-
primoit de l'abondance de ſon
cœur, ayant toûjours deuant
les yeux la verité de ſa condition mortelle & periſſable
pour grande & illuſtre qu'elle
ſoit.

XXIII. Le Roy s'enque-
roit vn iour de ce Prince où
eſtoit ſon caroſſe & ſon equi-
page, bien que ſa Majeſté
ſceut que ſon train ne luy étoit
pas encore fait; Il luy repartit
auſſi-toſt qu'il le deuoit apprendre de luy-meſme, puiſque luy ſeul les luy pouuoit
donner, voulant témoigner

par vne ſi ſage réponſe, qu'il
attendoit tous les jours cette
grace de ſa bonté, auec d'autant plus de raiſon qu'il y alloit
de ſa gloire , puiſqu'il auoit
l'honneur de luy appartenir de
ſi prés.

Ce n'eſt pas qu'vn grand
Prince comme luy tire ſon eſ-
clat de celuy de ſa ſuite, ſa vertu fait toute ſa grandeur, & il
ayme beaucoup mieux ſe rendre conſiderable par le nombre de ſes belles actions , que
par celuy de ſes Officiers.

XXIV. Vn Gentil-homme
le voyant regarder la riche

broderie qui eſtoit ſur la Iup-
pe d'vne Demoiſelle, luy dit
qu'elle auoit encore des Iar-
tieres plus riches & plus belles, & qu'il les pouuoit voir s'il
s'en vouloit donner la peine ;
Ce Prince luy répondit à l'in-
ſtant que ſa curioſité eſtoit plus
reſpectueuſe, & qu'il s'eſton-
noit fort qu'vn homme marié
donnaſt de ſi mauuais exem-
ples , puis qu'on les pourroit
praticquer à ſon deſauantage.

Ceux qui manquent de reſ-
pect pour ce ſexe , ſont toûjours mépriſez du noſtre, parce qu'ils trouuent fort peu de

compagnons de leur indiscre-
tion, & la repartie de ce grand
Prince apprend à tous ceux
qui s'approchent des Dames
que quelque curiosité qu'ils
ayent auprès d'elles, qu'il faut
se contenter de la pensée seu-
lement pour leur garder la ci-
uilité qu'on leur doit, & qu'en
cela l'excez est toûjours tres-
loüable.

XXV. Vn des siens qui
auoit l'honneur d'estre quelque fois dans sa confidence
ayant esté assez mal-heureux
de luy déplaire ; Il luy commanda de se retirer, & comme

me ce fidele feruiteur eut im-
ploré la faueur du Roy, pour
r'entrer dans les bonnes graces
de fon maiftre, ce Prince dit
à fa Majefté qu'il auoit fait fem-
blant d'eftre fafché contre luy
pour connoiftre fi la difgrace
luy feroit fenfible, & qu'il
eftoit neceffaire de l'humilier
afin qu'il fuft toûjours & dans
le refpect & dans la crainte,
fans luy faire connoiftre l'ami-
tié qu'il auoit pour luy, de
peur qu'il n'en abufaft, & en
fuitte pour plaire au Roy il luy
donna fa main à baifer.

Ces difcours nous defcou-

D

urent de nouueau la grandeur de son ame aussi bien que la force de son esprit par celle de son raisonnement, ce qui nous persuade de croire qu'il sera vn fameux Politique, puis que par vn don de preuoyance tout particulier, il va au deuant du mal pour se sauuer la peine de le guerir quand il est arriué.

XXVI. Sur ce qu'on luy disoit que les Princes prestoient souuent l'oreille aux flateurs, il respondit iudicieusement qu'il pouuoit estre surpris en cela, quand il ne les

connoiſtroit pas , & qu'il les
auoit ſi fort en auerſion que
bien loin d'en ſoufrir l'entretien, il en fuyroit toûjours la
rencontre.

Veritablement on voit les
effets de ſes paroles puis qu'il
ferme l'oreille & aux flateurs
& à la flaterie par l'eſtime qu'il
fait de ceux qui luy diſent la
verité, ſçachant par experience que la Cour eſt vn theatre
où on la déguiſe toûjours.

XXVII. Vn Seigneur
ayant pris la liberté de luy dire
qu'il eſtoit curieux de ſçauoir
ſi eſtant Roy d'Eſpagne il fe-

roit la guerre au Roy de France son Frere ; Il luy respondit
que les pensées d'vn Roy e-
stoient differentes de celles
d'vn Prince, & qu'il ne pourroit auoir pour lors que des
sentimens de cette qualité ;
mais en quelque estat qu'il fust
il ne manqueroit iamais de respect à l'endroit du Roy son
Frere.

Ce sage Prince nous faisoit
connoistre par cette iudicieu-
se réponce que les Sceptres &
les Couronnes donnent des
Conseils tout particuliers, &
que cette seule dignité sugge-

re, & qu'vn esprit animé de
la belle gloire ne manque iamais à ce qu'il doit quand il a
toûjours la vertu pour son objet.

XXVIII. Comme vn
de ses familiers s'estonnoit de
la despense qu'il faisoit en ses
aumosnes enuers les pauures,
il repartit agreablement, qu'vn
Prince comme luy ne deuoit
iamais tenir conte de ce qu'il
leur donnoit puis que la charité que l'on doit auoir pour
eux ne doit point auoir de bor-
nes ni de limites.

Ce Prince enseigne à tous

les Grands de la terre, que la
liberalité enuers les pauures
eſt la veritable liberalité, &
que cette vertu doit eſtre la
principale vertu d'vn Prince,
& auec d'autant plus de raiſon
qu'il n'apartient qu'à eux d'a-
grandir les petits, & d'enri-
chir les miſerables, puis que
Dieu les comble eſgalement
& de grandeurs & de tre-
ſors.

XXIX. Sur ce qu'vn Sei-
gneur le voyant vn ſoir prier
Dieu tout bas, luy diſoit que la
couſtume que le Roy prati-
quoit de faire ſes prieres tout

haut en presence de ses dome-
stiques estoit fort loüable & de
grand exemple, & qu'il s'estonnoit comme il ne l'imitoit pas;
Il luy repartit que le langage
du cœur estoit plus agreable
à Dieu que celui de la bouche,
& que l'exemple des Rois
auoit vne autre vertu que celle des Princes.

Ce Prince nous vouloit sans
doute persuader par ces dis-
cours, que les actions de pieté
sont dautant plus considerables qu'elles se rendent secret-
tes, & que si le Roy se dispense
en cela, il trouue la raison dans

sa dignité ; puis que c'est son
propre d'esclairer tout le monde.

XXX. Vn de ceux qui auoit
le soin de sa conduite, lui ayant
dit qu'on trouuoit estrange de
le voir toûjours attaché aupres
des filles, il lui respondit qu'il
admiroit en elles tout ce que la
nature auoit fait de plus beau,
& que dans vn aage plus auancé, il auroit des occupations
plus serieuses.

Ce Prince vouloit faire connoistre par cette response qu'il
cherchoit des plaisirs innocens
à la suitte de la vertu & de la

beauté , qui accompagnent touſiours les filles qu'il ayme, & qu'il donnoit à leur entretien le temps qu'il ne pouuoit employer ailleurs : Ceux qui ont armé l'amour & d'arc & de fléches , nous ont voulu faire voir que les grands cœurs ſoûpirent eſgalement apres les couronnes de myrthe & de laurier ; ce qui nous perſuade que celui de ce jeune Prince , n'aura pas moins de paſſion pour la guerre que pour les Dames.

XXXI. Vn Seigneur le voyant vn iour repeter vn pas de balet , luy dit qu'il dan-

soit grauement : il luy repartit
aussi-tost, que sa naissance &
sa conditionluy auoient appris
à danser de la sorte.

Il apprenoit par cette prom-
pte repartie, que la grauité sied
toûjours bien à vn Prince, puis
qu'elle seule conserue l'esclat
qui l'enuironne, afin qu'on ne
perde pas le respect qu'on luy
doit.

XXXII. Dans l'inquietude
que ce Prince auoit de sçauoir
qu'vn de ses Pages estoit hu-
guenot : il commanda à son
Aumosnier, de l'instruire pour
lui faire changer de religion

ou de Maiſtre, & comme on lui repreſentoit qu'il eſtoit fort ſage & de bonne maiſon : il reſpondit qu'il douteroit touſjours de ſa prudence, & qu'il ne feroit iamais cas de ſa Nobleſſe, tandis qu'il ſeroit eſgaré du chemin qu'il deuoit tenir pour ſon ſalut.

Certes ſi la vraye Nobleſſe de l'ame ſe tire des vertus Chreſtiennes, ceux-là ſeulement qui font profeſſion de les pratiquer ſe peuuent dire veritablement Nobles, & ſont ceux-là auſſi que ce grand Prince conſidere ne pouuant prendre confiance

à vne perſonne qui met en doute les adorables myſteres de
noſtre foy, ni ſe ſeruir d'vn Officier, qui ne ſert pas ſon Dieu
comme il faut.

XXXIII. La Reine s'enque-
roit vn iour de ce Prince s'il
auoit bien eſtudié: il lui répondit qu'il auoit eſtudié comme
vn Ange, & comme il ſembloit
que ſa Majeſté trouuât à dire à
cette reſponſe : il lui repartit
encor, qu'il auoit eſtudié en effet comme vn Ange, dans le
ſentiment où il eſtoit de connoiſtre les veritez qu'on lui a-
uoit montrées, afin qu'eſtant

plus esclairé, il fut capable de seruir bien-tost le Roy, & dans ses Conseils, & dans ses armées.

Comme les Anges n'ont pour obiet que le bien, ils ne s'estudient qu'à bien faire, & dans cette pensée ils trouuent leur souueraine felicité ; ce Prince dont l'esprit esclairé des lumieres de la grace par son innocence, de mesme que de celles de la nature par les riches talens qu'elle luy a donnez, remplit tous les jours le nostre d'admiration, & il ne songe iamais qu'à reüssir dans ses estu-

des ayant le bien pour objet, &
la belle gloire pour fin, ce qui
luy donna sans doute la pensée de se comparer sans vanité
à vn Ange, se sentant remply
& de zele pour l'Estat, & d'a-
mour pour son Roy: ce qui me
fait dire sans flaterie & à l'a-
uantage de ce grand Prince,
que si autrefois nos armées
sous la conduite de S. Mi-
chel protecteur inuisible de ce
Royaume ont toûjours triom-
phé de nos ennemis, que les
troupes de nostre grand Monarque commandées par cét
Ange visibile de la France por-

teront l'horreur & l'effroy en tous lieux à la gloire de cét Estat & à la confusion de ses ennemis.

XXXIV. Vn des siens ayant pris la liberté de luy faire vn beau present, ce genereux Prince lui dit en l'acceptant qu'il ne pouuoit s'en reuancher que de volonté, mais qu'il l'asseuroit que quand sa puissance seroit aussi grande qu'elle, il luy en donneroit cent fois la valeur pour s'acquiter tout à la fois, & de la debte & de la longue attente du payement.

Ce qui nous fait voir de nou-

ueau la generofité de ce grand
Prince, puis qu'il a plus de peine à receuoir vn prefent des
fiens, que de ioye à leur en faire, ce qui obligeroit ceux qui
ont l'honneur de le feruir à l'aimer parfaitement fi mille autres qualitez également ad-
mirables n'auoient le mefme pouuoir à nous le perfua-
der.

XXXV. Comme il e-
ftoit vn iour feul dans les bains
de la Reyne auec vne ieune
Damoifelle, vn Seigneur prit
la liberté de luy dire en riant
qu'on en parleroit, & que les
medi-

medifans y pourroit trouuer
à redire, mais il répondit tres-
fagement, que la vertu eftoit
efleuée au deffus de la cenfure
puis qu'elle fe iuftifie elle mefme, & qu'il apprehendoit toûjours la veuë de Dieu plutoft
que celle des hommes.

Ce Prince nous apprenoit
par cette repartie que l'inten-
tion fait toufiours le crime, &
qu'en toutes fes actions il n'a-
uoit d'autre fin, que d'efuiter
les reproches de fa confcience ;
puis que fon repos faifoit le
fien.

XXXVI. Vn Seigneur s'opo-

E

fant de parole à la grace que ce Prince vouloit obtenir de la Reine Regente, en faueur d'vn miferable qui auoit volé des flãbeaux d'argent dans la Chãbre de fa Majefté. Il luy témoigna auffi-toft fon reffentiment, & luy dit tout enflammé de l'ardeur de fon zele, que ce voleur eftoit moins coupable que luy, parce que la neceffité fans doute l'auoit contraint à commettre ce crime, & que fi Dieu l'euft puny la premiere fois qu'il eut offenfé, il ne feroit pas en eftat de s'oppofer à la grace qu'il demandoit à fa

Majesté pour ce criminel à qui il sauua la vie.

Repartie d'autant plus admirable qu'elle nous persuadoit que ce Prince seroit l'azile & le refuge asseuré des miserables, puis qu'il a tant de charité pour son prochain qu'il ne peut souffrir la veuë d'vn affligé sans estre touché de compassion faisant tous ses efforts pour apporter aussi-tost remede à sa douleur.

XXXVII. La remarque que fit vn Seigneur le voyant d'eshabiller qu'il portoit le scapulaire pendu au col, & le cor-

E ij

don S. François autour de ſes reins ſur ſa chair, l'ayant obligé de luy dire que cette deuotion eſtoit plus propre à vn Capucin qu'à vn Prince, il luy répondit Chreſtiennemēt que chacun trauailloit pour ſoy en ce monde, & comme le Paradis du Prince, & celuy du Capucin eſtoit la meſme choſe, il deuoit pratiquer les meſmes vertus pour y pretendre.

Ces pieux ſentimens nous confirment tous les iours dans la creance que ce grand Prince ne vit que pour l'auenir, puis

que ſes penſées auſſi bien que
ſes actions regardent l'Eternité, il n'eſt point honteux de
porter les marques de fidelle
Chreſtien, & quand les eſprits
libertins y trouuent à redire il
romp le ſilence que ſa pieté
luy impoſe pour leur faire connoiſtre ſans vanité qu'il la porte dans le cœur plutoſt que ſur
la langue, & qu'il ne tire pas
moins d'auantage à la pratiquer qu'ils ont de honte à luy
en faire des reproches.

XXXVIII. Sur ce qu'vn
Seigneur lui dit à l'heure de
ſon eſtude, qu'on auoit de la

peine à croire qu'il prit plaifir d'aller eſtudier, il reſpondit ſa-gement, que dans le deſſein qu'il auoit d'inſtruire vn iour les autres, il eſtoit obligé de ſe rendre ſçauant.

Ce qui nous iuſtifie ſon a-mour pour les belles ſciences & pour les hommes doctes, & cét amour eſt dautant plus parfait qu'il luy eſt propre; puis qu'il ayme également, & les vns & les autres.

XXXIX. Il ouuroit vn iour ſon cabinet en preſence d'vne Dame, & lui montrant quelque preſent qu'on lui a-

uoit fait : il lui dit, qu'il ne iet-
toit iamais les yeux deſſus ſans
rougir de honte ; au ſouuenir
de ſon impuiſſance à s'en reuancher.

Ne faut-il pas auoüer, que
ce grand Prince poſſede vne
belle ame ; puis que la Noblef-
ſe de ſes ſentimens, ſe peut eſ-
galer à celle de ſa naiſſance ; il
fuit touſiours la rencontre de
ceux qui lui veulent faire des
preſens, & dans la contrainte de les receuoir la honte qu'il
en a teſmoigne ſa reconnoiſſance.

XXXX. Sur ce qu'on luy

dit qu'vn Officier des plus conſiderables de ſa maiſon eſtoit huguenot, il reſpondit qu'il ne ſeroit iamais aſſez conſiderable pour gagner ſon eſtime, ne pouuant auoir bonne opinion d'vne perſonne qui auoit des ſentimens contraires aux ſiens.

Ce qui nous confirme en cette creance, qu'il porte dignement ſa qualité de Frere vnique du Roy Tres-Chreſtien ; puis qu'il fuit touſiours la rencontre de ceux qui s'éloignent de nos Autels : Comme ſi leur entretien eſtoit auſſi contagieux que leur Doctrine eſt pernicieuſe.

XXXXI. Sur ce qu'vn Seigneur le voyant vn iour au Cercle, luy dit qu'il auoit incessamment les yeux arrestez sur les belles Dames, il luy répondit admirablement, qu'il ne deuoit pas s'en estonner; puis qu'à la veuë de toutes ces beautez perissables, son esprit contemploit de'pensée la source & l'origine des beautés eternelles.

Admirable repartie, qui surprit dautant plus tous ceux qui estoient presens, qu'ils ne pouuoient assez admirer les pieux sentimens d'vn Prince

de cét aage ; qui nous vouloit
sans doute persuader que les
plus beaux objets de la terre ne
sont que des foibles crayons
de cette beauté eternelle que
nous verrons vn iour dans le
Ciel.

XXXXII. Vn grand de
la Cour luy ayant dit apres
auoir dansé vn ballet, que tous
ceux de l'assemblée l'auoient
reconnu sous le masque ; Il luy
répondit qu'vn Prince deuoit
toûjours auoir quelque chose
de si remarquable en luy qu'il
ne pût iamais estre déguisé
aux yeux du monde sous quel-

que habit qu'il y parut.

Comme les grands font éleuez au deſſus du commun, ils ſe doiuent faire connoiſtre par quelque belle marque ſous quelque habit qu'ils ſe déguiſent , pour eſtre diſtinguez de ceux qui leur ſont ſoûmis, & certe la nature a donné tant de grace à noſtre Prince qu'il n'a iamais ſceu ſe maſquer dans tous les balets qu'il a danſé à la Cour, puiſqu'on l'a toûjours connu à ſon geſte & à ſa façon , comme s'il eût eu le viſage découuert.

XXXXIII. Ce Prince

ayant témoigné vn iour à la femme de son orphévre, hu-guenot le regret qu'il auoit de la voir si opiniastre en sa fausse religion , & apres luy auoir representé que sa perte estoit infaillible sur ce qu'elle répon-dit que l'Escriture saincte luy auoit appris , que ceux qui iu-geoient seroient iugez ; Ce Prince luy repartit iudicieu-sement que les mauuais iuges subiront leur condamnation, mais que ceux qui iugeoient auec certitude comme luy en soustenant que hors de l'Egli-se il n'y auoit point de salut, n'a-

uoient rien à craindre puiſqu'ils publioient la verité.

Raiſonnement digne d'vn
Prince de ſon auguſte naiſſance, ayant contracté ſes
Chreſtiennes inclinations du
Roy ſon pere Louïs le Iuſte,
& puiſé de la Reyne ſa mere,
cette Anne incomparable, le
ſang Royal dont ſes veines
ſont remplies de l'vn, comme
vn Monarque tres-Chreſtien,
& de l'autre, comme vne Prin-
ceſſe tres-Catholique, ce qui
nous fait croire qu'animé des
diuins ſentimens de tous les
deux, il ſe rendra auſſi redou-

table aux ennemis de la foy qu'à ceux de cét Eſtat.

XXXXIV. La mort de Monſieur le Duc de Ioyeuſe fut ſi ſenſible à ce grand Prince qu'il ne pût cacher ſa douleur aux premieres nouuelles que luy meſme luy en donna, lors qu'il s'aparut à luy durant ſon ſommeil pour luy faire ſes derniers adieux : ce qu'il témoigna à ſon Aumônier auſſi-toſt qu'il entra le matin dans ſa chambre, & par ſes larmes & par ſes ſoupirs, & en faiſant ſon Panegyrique, apres auoir conſideré l'intereſt de

l'Eſtat & de leurs Majeſtez en
la perte d'vn Prince ſi accom-
ply, & comme en conſeruant
le ſouuenir de ſes vertus, il a-
uoit toûjours pour objet le
repos de ſon ame, il obligea
par ſon exemple ſon Aumoſ-
nier auſſi bien que par com-
mandemeut de prier Dieu
pour luy. En ſuitte, il donna ordre de faire dire vn grand
nombre de Meſſes à meſme
deſſein, & ſur ce que ſon aumônier luy dit que Monſieur
le Duc de Ioyeuſe ne s'eſtoit
pas contenté de luy rendre
toute ſorte de reſpects durant

sa vie, qu'il auoit voulu encor
eterniser ce sentiment dans le
cœur de Monsieur son fils en
luy commandant (lors qu'il
luy donna sa benediction) vne
obeissance aueugle à ses or-
dres. Ce grand Prince luy répondit qu'il auroit autant d'af-
fectió pour l'enfant qu'il auoit
eu d'estime pour le pere, &
comme son cœur affligé luy
suggeroit ces paroles, les soû-
pirs qui les accompagnoient
en rehaussoient la valeur & le
prix. Mais ce qui semblera in-
croyable aux ames les plus
vertueuses, c'est que ce sage
Prince

Prince s'enquiſt à meſme temps à ſon Aumônier, ſi l'on ne pouuoit pas offrir à Dieu toutes les bonnes actions que l'on auoit fait en eſtat d'innocence pour expiation des pechez d'vne perſonne qui n'eſtoit plus au monde : & comme il luy répondit que les plus grands Saincts en auoient vſé de la ſorte : Il repartit que l'amour qu'il auoit toûjours porté à Monſieur de Ioyeuſe, eſtoit en cela plus puiſſant que l'exemple.

Certes toutes les penſées de ce grand Prince ſont ſi

éleuées , tous ſes ſentimens ſi
nobles , & tous ſes diſcours ſi
iudicieux qu'on voit bien que
l'innocence de ſa vie attire ſur
luy mille benedictions du Ciel
pour le faire admirer de toute la terre.

XXXXV. Vne autre fois
ſon Aumônier l'entretenant
par ſon ordre de la mort, & du
mépris qu'vne ame qui a Dieu
en partage doit faire des tre-
ſors & des richeſſes de la terre:
Ce Prince lui dit qu'il n'y auoit
point de ſolide contentement
dans le monde que celuy de
bien viure pour bien mourir,

& qu'il enuioit la felicité de Monfieur de Ioyeufe, puifque fa maniere de viure faifoit foy de fon falut:& comme la trifte penfée de fa mort rempliffoit fon efprit, fes larmes deceloient toûjours fa douleur, de mefme que les loüanges qu'il luy donnoit, l'eftime qu'il en auoit toûjours fait.

Ne faut-il pas auoüer que ce Prince eft vne merueille de nature, voyant que dans vn âge fi peu auancé, il deuance les plus vieux à la fuitte de la vertu, apres leur auoir fait connoiftre que l'experience ne

fait pas tous les ſages puiſqu'aux premiers iours de ſon
printemps il a toute la prudence de la vieilleſſe.

I'aurois groſſy de beaucoup
ce petit liure ſi ie vous redi-
ſois tout ce que mon Prince
a dit de notable, mais il vaut
mieux qu'en trauaillant à ſon
hiſtoire, ie vous faſſe le recit
de ſes actions plûtoſt que de
ſes paroles, & auec d'autant
plus de raiſon que celles-cy ne
ſont que les images des autres.

Et dans le premier deſſein
que i'auois fait de mettre au

iour vn pareil ouurage, quoy
que different à celuy que ie
vous presente , puis que c'est
le portrait des genereux sentimens & des pensées toutes
Royales de nostre Grand Monarque, i'ay esté bien ayse de
faire l'auance de celuy-cy pour
sçauoir de quelle sorte il seroit
receu de vous & quelle ap-
probation vous luy donneriez;
Et comme l'Aurore deuance
le Soleil qui donne le iour,
quoy que ce bel Astre soit le
pere de l'vn & de l'autre, i'ay
voulu disposer vostre esprit à
l'admiration de ce nouuel ou-

urage que ie vous promets
apres auoir acquis voftre eftime en faueur de celuy que
ie vous donne. Il eftoit iufte
qu'en imitant la nature dans
fes plus nobles productions
dont elle nous fait voir les images, auant que de nous en donner le relief, ie miffe en lumie-
re ce petit effay de ma memoire & de ma plume, comme
vn foible crayon du Tableau
que i'entreprends à l'honneur
de mon Roy afin que les mer-
ueilles que vous auez veuës,
vous difpofent à croire les mi-
racles que ie vous raconteray.

FIN.

QVATRAIN

POVR METTRE SOVS

le Portrait de Monſieur.

Si ce qu'il a dit nous eſtonne,
Auant l'âge de quatorze ans,
Peut - on pas ſouſtenir que ſes
fruits de l'Autonne
Seront beaucoup plus beaux
que ſes fleurs du Prin-temps.

Quem putas Princeps iſte erit?

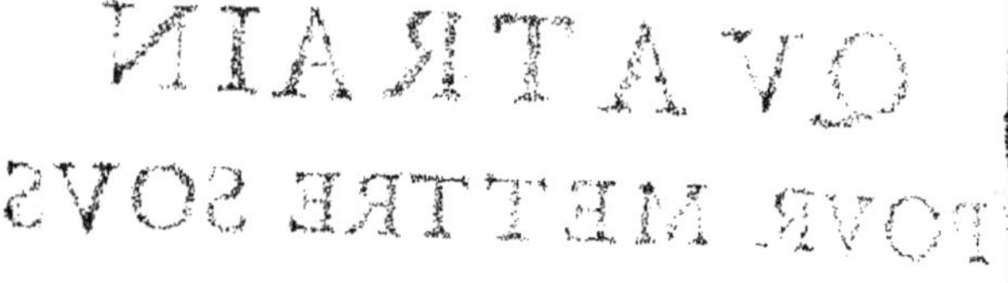

QVATRAIN
POVR METTRE SOVS
le Portrait de Monsieur.

Si ce qu'il a dit nous eſtonne,
Avant l'âge de quatorze ans,
Peut-on pas ſoûtenir que les
fruits de l'Automne
Seront beaucoup plus beaux
que les fleurs du Prin-temps.

Quem putas Princeps iste erit?